© privat

Michael Engler studierte in Düsseldorf Visuelle Kommunikation und arbeitete zunächst als Szenarist und Illustrator. Anschließend war er mehrere Jahre lang als Artdirector in Werbeagenturen tätig. Heute lebt er als freier Autor mit seiner Familie in Düsseldorf und schreibt Bilderbücher, Kinder- und Jugendbücher, Theaterstücke und Hörspiele.

© Beatrice Treydel

Joëlle Tourlonias, geb. 1985, hat Visuelle Kommunikation mit den Schwerpunkten Illustration und Malerei an der Bauhaus-Universität Weimar studiert. 2009 machte sie sich selbstständig und zeichnet, malt, lebt und liebt heute in der Pampa in der Nähe von Frankfurt am Main.

Weitere Titel in dieser Reihe:
„Wir zwei gehören zusammen"
»Wir zwei im Winter«
»Wir zwei sind füreinander da«
„Meine Kindergartenfreunde"

MIX
Papier | Fördert
gute Waldnutzung
FSC
www.fsc.org
FSC® C002795

Dieser Titel ist auch als E-Book erschienen.

Copyright © der Originalausgabe 2017 by Bastei Lübbe AG, Köln
Copyright © der Mini-Ausgabe 2019 by Bastei Lübbe AG, Köln

Illustrationen und Umschlagmotiv: Joëlle Tourlonias
Satz: Götz Rohloff – Die Buchmacher, Köln
Gesetzt aus der Chaparral
Druck und Einband: Livonia Print, Riga
Printed in Latvia

ISBN 978-3-8339-0577-3

8 7 6 5 4

Sie finden uns im Internet unter baumhaus-verlag.de
Bitte beachten Sie auch luebbe.de

Michael Engler   Joëlle Tourlonias

Wir zwei sind Freunde fürs Leben

BAUMHAUS

Hase und Igel waren die besten Freunde weit und breit.

Ihre Freundschaft war so innig, dass man den einen nur selten ohne den anderen traf.

Und sie war so tief, dass sich alle Tiere im Wald und auf der Wiese auch so einen guten Freund wünschten.

Einen Freund fürs Leben.

Schon früh am Morgen, wenn die Sonne aufging,
lagen die beiden nebeneinander auf der Wiese am Bach.
Dabei dachten sie sich neue Spiele aus. Wie zum Beispiel Bachspringen.

»Wir springen vom Ufer auf den Stein, der dort mitten im Bach liegt,
und von da hüpfen wir weiter aufs andere Ufer«, erklärte der Hase.

Das war ein sehr lustiges Spiel.

Denn manchmal fiel einer der beiden ins Wasser.

Meistens war das der Igel.

Der konnte nämlich nicht so gut springen wie der Hase.

Es stand gerade 10:2 für den Hasen, als der keine Lust mehr hatte.

Denn immer nur gewinnen war auch nicht schön.
Der Hase wollte jetzt lieber nach einer leckeren Möhre suchen.

»Man kann nämlich nur gut spielen,
wenn man satt ist«, meinte er.

Doch der Igel schüttelte den Kopf.
Er wollte weiterspielen.

Ihm machte es nichts aus zu verlieren.

»Hast du etwa Angst, mit einem vollen Bauch
noch öfter ins Wasser zu fallen?«, lachte der Hase.
Das fand der Igel gar nicht komisch.
»Dann gehe ich eben alleine«, sagte der Hase schließlich.
»Geh doch!«, antwortete der Igel trotzig.
Und enttäuscht.

Ein Eichhörnchen hörte zufällig den Streit der beiden.
»Ich kann dich begleiten«, bot es dem Hasen an.
Dem gefielen das glatte Fell und der
buschige Schwanz des Eichhörnchens.
»Den brauche ich, um zu lenken, wenn ich
von Baum zu Baum fliege«, erklärte es.
Der Hase war beeindruckt. »Ich kann auch
ein bisschen fliegen«, sagte er stolz und
zeigte auf den Stein in der Bachmitte.

Das Eichhörnchen fand, dass das eine
sehr weite Springstrecke sei.
»Wir können aber auch Verstecken spielen«,
schlug es plötzlich vor.
Eichhörnchen verstecken nämlich gerne.
Nüsse und sich selbst.

»Der Igel macht die Augen zu und zählt
bis einhundert oder so«, sagte das Eichhörnchen.
»Und in der Zwischenzeit verstecken wir beide uns.«
Das gefiel dem Hasen so sehr,
dass er seinen Hunger auf der Stelle vergaß.
Der Igel wusste noch nicht, ob ihm das gefiel.
Aber er stimmte zu. Dann schloss er die Augen und zählte.
Weil er jedoch nur die Zahlen bis zehn kannte,
zählte er auch nur von der Eins bis zur Zehn.

Das machte er aber ganz besonders langsam.
Denn er wollte kein Spielverderber sein.

Als der Igel die Augen wieder öffnete,
waren Eichhörnchen und Hase verschwunden.
»Vielleicht finde ich sie am Möhrenfeld«, dachte der Igel.
Und so kroch er durchs hohe Gras und wühlte
durchs Laub vom letzten Jahr.
Bis er zum Möhrenfeld kam.
Aber da war der Hase nicht.
Der Igel suchte und suchte. Doch der Hase
blieb verschwunden.
Dem Igel wurde langsam ganz mulmig.
Vielleicht hatte sich der Hase verlaufen?
Vielleicht war ihm etwas zugestoßen?
Der Igel sorgte sich sehr.

»Ich habe deinen Freund gesehen«,
　　rief eine Stimme über ihm.
Es war die Krähe, die von oben immer alles sah,
　　weil ihr nichts im Wege war.
»Er war mit dem Eichhörnchen zusammen.
　　Die beiden haben gelacht und sich gut amüsiert.«
Der Igel wurde wütend. Wie konnte sich der Hase nur amüsieren,
　　während er sich solche Sorgen um ihn machte?
»Die zwei passen übrigens sehr gut zusammen«,
　　fuhr die Krähe fort.
»Sie haben beide so ein schönes glattes Fell.«
　　Der Igel spürte einen Stich in seinem Herzen.

Den ganzen Nachmittag suchte der Igel den Hasen.

Doch er fand ihn nicht.

Nicht am Waldrand, nicht am Bach

und auch nicht auf der kleinen Lichtung.

Der Igel wurde traurig, denn bald war ein Tag vorbei,

den sie so schön miteinander hätten verbringen können.

Aber wo steckte der Hase bloß?

Hatte er den Igel etwa vergessen?

Oder war er lieber bei seinem neuen Freund, dem Eichhörnchen?

»Vielleicht spielen die zwei jetzt Bachspringen,

weil sie doch beide so gut fliegen können«, dachte der Igel.

»Oder sitzen sie am Haselbusch
    und lachen über meine Stacheln,
weil sie doch beide so schönes glattes Fell haben?«
    Woher diese Gedanken kamen, wusste der Igel nicht.
Aber sie machten ihn sehr, sehr traurig.

Die Nacht legte sich wie eine dunkle Decke über die Wiese.
   Bald schwiegen sogar die Grillen.
Alle Tiere schliefen tief und fest. Nur der Igel war noch wach.
   Er konnte nicht schlafen. Ganz und gar nicht.
Er war nämlich wütend auf den Hasen, er war enttäuscht,
   er war traurig, er fühlte sich einsam und allein.
Dieses Alleingefühl tobte tief in seiner Brust.
   Plötzlich fand der Igel den Hasen blöd
und das Eichhörnchen noch viel blöder.
   Eine Träne lief über sein Gesicht.

Am nächsten Tag wollte er dem Hasen gehörig
die Meinung sagen. Denn so ging man nicht
mit seinem besten Freund um.

Schließlich fand er ihn. Vollkommen allein
saß er zitternd hoch oben in einem Baum.

Dem Igel fiel ein Stein vom Herzen.
Aber er war noch immer böse auf den Hasen.

Gerade als er losschimpfen wollte,
erzählte der Hase jedoch, was passiert war:

»Das Eichhörnchen hat mir dieses Versteck gezeigt.
Es hat mir sogar beigebracht, wie man auf einen Baum klettert.

Aber ich fand es hier oben langweilig
und wollte lieber wieder mit dir Bachspringen spielen.

Dann musste das Eichhörnchen plötzlich nach Hause.
Und erst als es schon weg war, fiel mir ein,
dass ich ja gar nicht wusste,
wie man von einem Baum wieder herunterkommt.

Das hat mir das Eichhörnchen nämlich nicht gezeigt.«

So verbrachte der Hase die ganze Nacht
ängstlich und allein auf dem Ast.

Darüber vergaß der Igel allen Ärger, alle Sorgen,
und auch das dumme Alleingefühl verschwand.
Es war ihm unangenehm, jemals böse
über seinen besten Freund gedacht zu haben.

Schnell sammelte er Laub und Zweige zusammen.

Daraus baute er einen großen Haufen unter dem Baum.

Der Hase sprang sicher von seinem Ast ins weiche Laub.

Hase und Igel waren wieder die besten Freunde weit und breit.

Nach einem ausgiebigen Frühstück mit Möhren und Schnecken spielten sie erst mal eine Runde Bachspringen.

Auch das Eichhörnchen durfte mitspielen.

Meistens klappte das ganz gut.
Doch manchmal … manchmal
fiel das Eichhörnchen dabei ins Wasser.